徐商煥 다섯 번째 詩集

# 텅 빈 얼굴

책펴냄열린시

서상환 시집

# 텅 빈 얼굴

지은이 서상환
펴낸이 최명자

펴낸곳 책펴냄열린시
주 소 부산광역시 중구 중앙동 3가 14-1번지
전 화 051-464-8716
출판등록번호 제 02-01-256호
출판등록일 1991년 2월 4일

발행일 1판 1쇄 2008년 11월 3일


값 8,000 원

ISBN 978-89-87458-62-5 03810

빈 얼굴

## 서상환 약력

일본 경도시 좌경구 출생(1940), 해방과 함께 부친 따라 귀국(1946), 경남미술원 서양화부 수료(1960-1964), 〈조목하, 김봉기, 김종식에게 배움.〉, 그 후 김종식 문하에서 서양화 배움(1965-1975), 중등교원자격 국가검정고시(미술:실기교사, 준교사) 합격(1970,1971), 경성대학교 신학대학 신학과, 동 대학원 신학과 졸업〈전신〉(1966-1974)

美. 네셔널크리스천대학교 대학원 신학석사 (1976-1978)

美. 루이지애나침례대학교 대학원 철학박사 (1995)

美. 훼이스크리스천대학 대학원 신학박사(교회예술)(1999)

〈저서〉

Icon 화집(문화방송출판부)

Via dolorosa 오리지널 목판화집 (영설화원)

목판화집 "야훼는 나의목자"(지평)

하나의 님을 그리며〈잠언과 드로잉〉(영설화원)

엘리 엘리 레마 사박다니 〈드로잉화집〉(해성출판사)

영원에 꽂힌 막대기 (영설화원)

영설과 촛불 (책펴냄열린시)

내 명상의 시간 (영설화원)

가늠할 수 없는 가늠 (영설화원)

엘리 엘리 레마 사박다니〈오리지널 목판화집〉(영설화원)등

〈수상〉

제6회 한국 미술문화 대상전(서양화부문) 추천작가상(1983)

제4회 봉생 문화상 (전시부문)수상 (1992)

운파 문화장학회 창작지원금1.000만원 수혜(1997)

제2회 송혜수 미술상 수상 (2006)

현, 한국미협서양화분과 회원, 한국성문화회 부회장, 씨올회 회원, 令雪畵院 원장, 동보문화홀 "미술강좌" 전임교수

작업실: 〈608-830〉부산시 남구 용당로 198번지, 201-2호( 용당동, 한신상가)

T.051)626-6626 (화실) / 손전화: 011-564-6626

e-mail: youngseol7@hamail.net, mongchun@naver.com

블로그: http://blog.naver.com/mongchun

■ 저자의 말

다섯 번째 화어畵語집을 묶는다.

묶어도 묶어도 끝없는 묶음을 위해 오늘도 아무도 기다리지 않는 화실에 가고, 아무도 찾지 않는 그림에 매달려 생과 사의 고두苦鬪를 멈추지 않는지 모르겠다.

한 번씩 뒤돌아보며 산다는 것이 무엇인지 물어도 영 대답을 들을 수 없으면서 지금까지 살아 온 것을 생각하면, 아차! "대답 없는 대답의 삶이 도리어 대답자체구나"

꽉! 목이 멜 때도 있다. 남은 생이 얼마인지 알 수 없지만, 지금까지 걸어 온 대로 사심을 버리고 살아야겠다는 생각을 다짐해본다.

60평생을 살아오면서 나를 귀찮게 하고 괴롭히는 것이 있는데, 불쑥 불쑥 솟아오르는 잔상殘像들이다. 버스를 탈 때나 화장실에 있을 때나 목욕탕에서 목욕할 때나 상황과 관계없이 나를 괴롭히는 이미지들의 끝없는 표출表出이다. 잠깐 딴 생각을 하면 금방 날아 가는 이미지, 종당에는 잡을 수 없다는 긴장과 각박함 속에서 지금까지 살아야 했기 때문이다.

잠자리에 들 때나 걸을 때나 분출되는 이미지 때문에 항상 스케치 북과 연필을 지니고 다녀야 했고, 어떤 사람들은 그것이 축복이라지만, 불편함을 겪어본 사람은 이해가 가리라 믿는다. 여기에 실린 단편들은 이러한 상황 속에서 메모해 두었던 흔적들이다.

2004년 제4시집 『가늠할 수 없는 가늠』을 출판하고 제법 세월이 흐른 것 같다. 그동안 4번의 개인전을 치렀고, 부산 미협에서 주관하는 〈송혜수 미술상〉을 수상하는 기쁨도 가졌다.

시집 계획을 세우고도 벌써 몇 년이 지났으나 실행할 수 없었던 것은 국내 경제 사정보다도 고집스러운 내 작업 태도 때문이었다고 생각한다. 타협하지도 타인과의 소통하지도 못하는 나의 우둔함과 고집스러움은 가족들에게는 항상 불안의 소지였다. 뒤돌아보면 정말 외로운 길이었으며, 예술가가 감수하면서 걸어야하는 길이었다.

외로움이 깊어지면 병이 된다는데 이 사회 속에 나는 아무것도 가진 것이 없는 무소유, 무능력자임을 자각할 때 마다 외로움과 절망감에 사로잡힐 때가 많았다. 그런 와중에도 큰 일이 있을 때 마다 느끼는 것은 내 삶의 배후에는 숨어 역사하시는 야훼 하느님의 실체에 몇 번이나 감격 했는지! 그분께 항상 감사하고 감사한다. 외로움과 순간순간 다가오는 절망감이 그분께 더욱 매달리는 계기가 되고 오늘까지 나를 지탱하게 한 원동력이 아니었나 생각된다.

이 책을 만드는 과정에서 많은 분의 도움이 있었다. 특히 동보서적 김두익 사장과 창산과 죽재, 공간화랑 신옥진 사장 그리고 '동보미술강좌' 회원여러분의 뜨거운 성원이다. 그 성원에 감사하며, 야훼 하느님의 크신 축복이 가정마다 가득하시길 빈다.

My Cup Overflows! 〈NIV, Ps. 23:5〉

2008년 가을
용당동, 몽촌재에서 서상환 손모음

## *제 1 부*

## 제 2 부

*제 3 부*



*제 4 부*

# 제 1 부

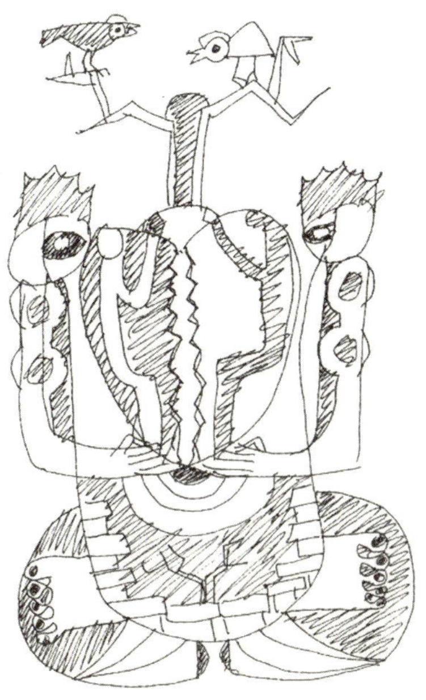

## 중추仲秋

밝은 달
누구의 가슴에 안길까
달그림자도 목마르다

시간 빨리도 지나
중추의 열기 가득한데
구름에 가린 달은 보이지 않네

아! 문득 떠오르는
달 꽃 한 송이
영원에 피네

# 경계선

보고 싶어도 볼 수가 없고
가지고 싶어도 가질 수 없는
경계선 너머
그래도 보고 싶음과 가짐에
대한 그리움은 불꽃처럼 이네

아! 언제쯤
이쪽과 저쪽의 경계선이
내 속에 있음을 깨닫게 될까

# 촛불

촛불을 꺼라
어두움 속에 숨어있는 많은 것을 보리라
왜
우리는 밝은 것만 보려고 할까
밝음에 가려 보이지 않는, 보이는 세계를
밝음과 어둠은 또 다른 어둠과 밝음

촛불을 꺼라
새로운 상황성
평행되는 시간의 연속
진실은 둘이 아닌 하나라는 것
음양을 안고 있는 둥근 얼굴
삶의 새로운 패러다임

## 바람

바람소리 들리니
구름은 형태를 이루네
다시 풀어져 뭉칠 때까지
바람은…
바람이길 바라네

파아란 하늘
바람에 묻힌 구름은
바람 밖에서
바람 되네
하늘에는 꽃비 내리네

# 외로운 밤

바람도 가고
구름마저 간
외로운 밤

별은,
세월의 무정함을
노래하며
새롭게 전개될 상황을
예지하고 있다

아! 언제쯤일까
그 날은,
기다린 지가 언제인가
끝나지 않는 세월의
무정한 가슴앓이

구름도 가고
바람마저 간
외로운 밤

# 빈자리

바람도 가고
구름도 간
남은 빈자리
바람이었든
구름이었든
빈자리,
가득한 자리

# 나비

앉을 곳을 찾는다
어디에 달고 단 꿀이
기다리고 있을까하고

보이는 곳은
황량한 모래 숲
수분이 차단된
생사의 갈림길

나비는 꿈꾸며
꿀샘에 빠진
자신을 찾는다

# 국화

초겨울 속
찬란하게 핀 국화를 보며
꽃 속에 내 마음을 담아본다
모두 즐거울 때 나는 외롭더니
뒷산 앙상한 나뭇가지를 보니
국화의 절개를 알 것 같아
가슴이 두근거리네
아! 으깨지는 초겨울 속에
내재한 봄이여!

# 성냥개비 · 1

성냥개비 잡고
성냥갑에 비비어 본다
순간 뜨거운 불꽃이 인다

너와 나 안는 순간 불꽃이 될까
훨훨 타는 밝고 뜨거운 불길이 탈까

성냥개비를 잡고
타고 있는 불꽃을 응시한다
불꽃은 탈수록 점점 꺼져가고 있다

순식간에 검은 재만 남은 성냥개비
성냥개비를 보며
한없이 작아져 가는 나를 본다

# 하얀 여우

가는 허리로
험한 세상을 안고
넘고 넘는 고개
누구도 보지 않는
여우의 속살
그 찬란함을 숨기고
내일을 갈며
새 허리를 위해
축배를 들고
그래도 못 다한 울음을
삼키는 하얀 여우

# 달

가슴에 꽂힌 달 보며
저문 달을 본다
달은 한 달月을 살고 살아도
잃지 않는 밝음 덩어리
빛으로 밝음으로
가슴, 가슴에 꽂히네

# 백자 항아리

내 방 책꽂이 위에 놓인
백자 항아리 하나
빈방 가득 채우고 있네
쌓인 세월 속에 묻어난 흔적
하얗게 항아리로 응어리 졌네
지울 수 없는 흰색의 향수
여자의 허리와 가슴과 퍼진 엉덩이
미끄럽고 촉촉한 온기, 와락 안는데
짓밟힌 조선 여인
응어리 되어 하얗게 피고 있네

# 비를 맞으며

비를 맞으며
비 속을 걷는다
오지 않는
버스를 기다리며
비 사이사이의
공간을 씹고 있다

비 사이를
달리는 환상과
달릴 수 없는 현실로
희망과 절망이
교차하고 있다

벗어날 수 없는 사이
한정된 공간
비는 쉴 새 없이 내린다

# 세월

강물이여

가는 세월 서러워 마라

오는 세월 또한 만만치 않으리니

낙엽인들 어찌

오는 봄을 모르리

## 붉은 동백꽃

잊은 듯 새로워

다시 떠오르는

세월 속 그리움

지울수록

더욱 선명하게

다가오는 선혈鮮血

## 님이 오시려나

문 닫아도

열리는 차가운 겨울

님이 오시려나

## 쓸쓸함

떠나려 한다
가득 가득 슬픔을 안고
누구도 잡아주지 않는
외로운 벼랑 끝
저녁달은 유난히 밝은데
지울 수 없고 채울 수 없는,
잡히는 욕망의 덩어리
가슴 조일수록 더욱 무거워지는
생존의 틀
벗어버릴 수 없는 천형天刑
가슴 가득 슬픔을 안고 떠나려는 쓸쓸함

# 내 얼굴

거울 앞에 앉아 있다
수천 번 내 얼굴을 본다
보고 보아도
그 얼굴에 그 얼굴이다

때로는
잘 생겼다고 생각하고
때로는
이렇게 초라할 수 없다
일의 경중을 두고
일의 승패를 두고
얼굴의 느낌과 마음이
달라진다는 것을
깨닫는다

어떻게 해서든지
좋은 일을 많이 만들어
잘 생겼다는
생각을 갖는 것

장수도 행복도 사랑도
모두가 좋은 일 속의
생각에 있는 것 같다

거울 앞에 앉아있다
보고 또 본다
밝음과 선함과 성실을 찾아

# 여자 빛깔

다가오고 있는 여자
얼굴 빛깔이 없다
붉지도 푸르지도 않은 얼굴이다
점점 다가올수록
세월을 느끼게 하는 잔영
흐름 속 작용으로 나타나 있다

앞으로 오고 있는 여자
몸이 보이지 않는다
보려고 해도 아무것도 없다
흐름만 보인다
의미만 보인다
얼굴, 빛깔
없는 것이 아니다
있는 것이 아니다

모든 것이 부정된 공간에
긍정된 공간으로
한 여인이 다가오고 있다

# 바람 찾아

바람이 불고 있다
끝닿는데 없는 끝을 찾아
바람은 오고 가고 있다
나무를 잡고 말을 걸어본다
구름을 잡고 말을 걸어본다
바위를 잡고 말을 걸어본다
말을 하고 해 봐도
말의 끝은 없고 오고감만 있다

바람이 불고 있다
나뭇잎이 흔들린다
바람이 보이는 것 같다
잡으려 하면 보이지 않는다
잡히지 않는 바람
그 바람을 잡으려
오늘도 바람 부는 곳을 찾고 있다
찾아도 잡아도 잡히지 않는 바람을
찾아서 그렇게 세월을 먹고 있다
숙명을 먹고 있다

# 능소화

넓은 깔대기 모양의
불그스름한 꽃

거둘 열매를 위해
가을을 만들고 있네

가는 세월이 아쉬운 듯
잎도 깃 모양을 하고 겹잎이네

나무 담을 붙잡고 자라면서도
여름 한 낮
주홍빛 꽃을 송이 째
뚝뚝 떨어뜨리는
명예의 꽃

가을과 함께
수확의 욕망에서 자유로워라

# 텅 빈 찻종

연인과 차를 마시면
나는 차가 되고
연인은 내가 된다

마시고 마시는 반복 속
솟아오르는
격정의 한 순간

연인과 차를 마시면
차도 연인도 없다
끝없는 오르가즘
격정의 원색지대

텅 빈 찻종

차를 연인과 마시면

# 비

비가 내리고 있네요

가볍게 대지를 적시고
오지 않는 편지를 기다리며

커피 잔에 잠긴 얼굴
내 얼굴인가 네 얼굴인가
분별력을 잃고 멍한

지금
비가 내리고 있네요
너와 나를 넘어선
육신 위로 소리 없이…

# 제 2 부

# 꽃의 본적

바람 부니
구름
바람 따라 가니
텅 빈 하늘만
파랗게 피어있네
바람의 오고 감을
어찌 인간의 힘으로
감당할 수 있을까
빌고 빔으로
기다림의 꽃 피우리
한 가닥 희망
어찌 생존이라 말하지 않으리

# 호흡

조용한 명상 속
숨을 쉬고 있다

내 쉼과 들이 쉼의 반복

숨을 내 쉼으로써
우주와 내가 하나 되고
숨을 들이 쉼으로써
우주와 내가 분리된다

명상 속 이어 지는 고요함
숨을 쉬고 있다

숨을 내쉼으로
몸 속에 있는 기를
우주로 내 보내고
숨을 마심으로
우주의 생명 에너지를
몸 속에 받아들인다

호흡을 통하여 나의 우주는 하나
몸을 통해서 우주와 소통하고 있다

우리의 삶 역사 속에서
살아있음이 체험되어져야 하기에
나는 호흡하고 있다

영원은 내쉼과 들이쉼의 중간에 있다

# 시를 쓰는 사람

시가 시를 쓰니 사람이 없네요
어찌 한치 앞을 알리오
떨어지는 낙엽 속에 도사린 봄을 봅니까
봄은 그렇게 오고 그렇게 가지요
계속되는 순환 속에 그래도 생존의 의미는 유효한가요
나선처럼 풀리며 그렇게 자꾸만 가는 세월의 유희
의미밖에 있나요
몇 편의 시화를 그리는 과정은 분리된 의미 바깥인가요
세월의 무정 속에 세월을 또 만들고 있습니까?
만들고 만들어도 잡히지 않는 것이 허공이지요
차라리 잡히지 않는 세월이 희망적이지요
꿈은 언제나 공허한 현실 안에서 현실이기를 바라지요
사람이 시를 쓰니 사람 이야기만 가득하네요

## 노송老松

절 앞에 서 있는 노송
절을 머금고 청청하게 서 있네

세월 속 잊어진 계절
수많은 염원 속에
숨겨진 에너지를 마시며
청청한 영원의 못에
숨길을 묻고 있네

누구도 지울 수 없는
세월의 진액
파랗게
파랗게 솟아오르고 있네

# 별

하늘에

별 하나 숨어

유난히 반짝이네

## 원무圓舞

이미
마음은 빈 그림자
동공에 튕긴 불 꽃
재 되어 허공을 감돈다
신들린 너는 시간을 춤추고
나는 너를 춤춘다
벗어날 수 없는 음과 양
하나된 원으로 남아
텅 빈 무아
희열이 된다

# 찻종에 달

찻종에 담긴 달
둥근 원이 아니다

만다라
이룸의 경지

너도 마시고
나도 마신 후

가슴 가득한
둥근 깨달음의 달

달을 담은 찻종
이룬 경지

너와 나를 넘어선
만다라의 세계

# 마음

밤이 어두운 것이 아니다
낮이 밝은 것이 아니다
낮도 밤도 마음밝기다

해는 항상 머무나
아침이라 하고 저녁이라 한다

밤이 어두운 것이 아니다
마음이 어두운 것이다
낮이 밝은 것이 아니다
마음이 밝은 것이다

모든 것은
한 점에서 시작되고
한 점에 머문다
그것이 영원에 열린 마음이리라

# 바람

바람이 불고 있다
끝이 어딘지

나뭇잎이
나무둥지가
집이 무너진다
바람 속에 아우성치는 사람들

자연의 질서를 파괴하고
자연의 윤리를 지배하려던 사람들
자연의 횡포에 속수무책이다

누가 먼저 시작한 싸움인가
자연은 묻고 있다
그치지 않고
계속 부는 바람

# 꿈

매일 꾸어도
잊고 마는
사건들…

내 기억 속에 엉켜 있는
상자 속 비밀
하나하나 노출되어
내 삶을 정의하는
매일의 투신들…

나는 매일 꿈속을 헤매고
꿈은 내 속을 헤맬,
그렇게 망각을 산다

# 침묵

누구에게 말을 할까

이리보고
저리 보아도
말 할 이 없네

믿을 수 없는 상황
자기 목소리에 취한 사람들
한 치 앞도 못 보네

말을 누구에게 할까
긴 침묵만 흐르네

## 쇄신사리碎身舍利

검게 탄 육신위에
알알이 맺힌 이슬
한 알 한 알
담을수록 더욱 선명해지는
오색찬란한 구슬

절망과 좌절로 통곡하며
쓰러지고 다시 일어나
걸어 온 시간들
이웃을 보며 나를 본
긴 시간의 한限
한 알 한 알 이슬 맺혔네

이제는 누구도 지울 수 없는
선행의 흔적들…

# 산

앞 산 소리 건너
뒷 산 소리 건너
끝없이 건너
사통팔달
끝닿는 데가 없다

앞산 뒷산
벗고
하나

# 슬픔

슬픔은 안개 같아

곧 사라지는 것을

기억은

그것을 잡고

놓지를 않네

# 기다림

오지 않는 사람을 기다리며
오고 있다
끝없이 펼쳐진 시간
시간 속에 나는 시간 밖에 있다
끝없이 펼쳐지는
공간 사이로 시간은
기다림으로, 기다림 밖으로
오고 있다

# 생명의 불꽃

생명의 불꽃
타고 있다
어제도
오늘도
내일도 타는
시간의 유영
끝없고
끝없는 향연의 비취색

# 텅 빈 얼굴

세월 속에서 여문

대나무 같이

한 마디 한 마디

굳어가는

푸른 얼굴

## 성냥개비 · 2

성냥개비가 타는

순간은 지극히 짧다

그러나 성냥개비는

그 순간을 위해 존재한다

## 연꽃

하늘가에 핀
영원의 꽃이여
너 푸른 것
깊고 깊은 연못이구나

어디로 와서
어디로 가는지
알기나 하느냐
물어도 대답 할리도 없지…

# 서 있던

나 어제 서 있던 나무에
오늘을 걸어본다
닿을 수 없는 내일에
빨갛게 핀 꽃 한 송이
냄새는 맡을 수 없지만
보는 즐거움은 간단하지가 않다
나무는 서 있지만
오늘 내일 그리고 어제까지
간단하지가 않다

# 아픔

설 수 없는 땅에
서려고 한 아픔이여
땅은 설 수 있게,
매화처럼 밝게
핀다면
아픔도 순간일 것을

# 옴

오고 있다
목표도 없이
왜 오는지

붉은 꽃 만발한
정경에 몽취하여
끌리는 듯 끌려
오고 있다

이것도 저것도
따짐 없이

# 각覺
## —원해스님

지난 세월이
아름답구려

아직도 잠에서
깨어나질 않았오

먼 산에 붉은 해가
벌써 중천中天인데

# 바람

바람처럼 잡히지 않는 잡힘
꿈과 현실 사이의 갈등

사막은 항상 풍족한 물이 넘친다
사막은 항상 고갈되어 있다
순간의 연속은 풍족과 고갈

꿈은 현실이다
현실은 꿈의 현실화다

저 멀리서 하갈의 울음소리 들리고
신은 꿈의 현실로
솟아오르는 샘 속에 내재해 있고

바람처럼 잡히지 않는 실체로
우리에게 다가와 있다

# 옥 속에는 수정같은 맑음이

바람이 지나간 자리
구름도 가 버리고
텅 빈 하늘에
맑은 옥 수정 소리 들리니
하늘은 살갗에 닿아
파랗게 파랗게 피어오르네
너 이제야
옥 속에 수정같이 맑은 세상을 보는가
어둠도 밝음도 없는 무아의 경지에서
보아도 보이는 것이 없으니 보기나 했든가
저 멀리 창공에 점 하나 찍어 볼까

# 달 · 1

달은
밝다고 해서
달이 아니다
밤 하늘 되어
둥그렇게 떠 있기 때문이다

# 달 · 2

둥근 것도 네모도
달이 아니다
달은
긴 융단 같은
밤하늘에
얼룩진 밝음이다

## 고화枯花

가난한 자의
가슴에 피는
원망과 저주의 꽃들

누가 피운 꽃일까

아무도 지울 수 없는
생피 엉킨 흔적의 현장
더욱 짙어만 가는 한의 응어리
더덩실 한풀이 춤이나 출까?
파랗게 필 내일의 하늘을 볼까?

가난한 자의
가슴에 엉킨 고화枯花
후생에라도 꽃 피울까?

# 별 하나

지울 수 없는
왼 팔에 별 문신
응어리로 남아
가슴을 조우네

별 하나의
아픈 흔적
무덤까지 가겠지
내 몸이
분화되어 없어져도
영혼 깊숙한 기억 속에
남아있겠지

왼팔에 별 하나
지울 수 없는 흔적

# 제 3 부

# 연화蓮花

감탕밭 속에서도
미소 잃지 않고
피어있는 꽃 한 송이
천년의 향기 머금었네

솟는 아침 해와 함께
꽃잎 활짝 열었다가
지는 해와 같이
꽃잎을 닫는
조화의 어둠과 밝음
피어있는 성상性相

낮과 밤의 조율調律이
언제 바뀐 일 있었던가
불변하는 진리와 같이
꽃 또한 표상이기에
감탕밭 연화를 안고 있네

# 낙원

낙원은 수평선에도 수직선에도 아닌
수직과 수평이 만나지는 지점에 있나니

신과 인간의
만남의 교점이 천당이네

# 망망한 바다

망망한 바다
상 하 좌 우
보고 보아도
아무 것도 보이지 않는
바다 한 복판

구름도 지나고
바람도 지나고
육지를 그리는
간절한 마음도 지나고
남은 건 오직 생존의 의지뿐

오직 하느님의 손길만이…

# 아우

아우야
만난 지 30년 세월
빠른 세월 나이테
얼굴 주름살
흰 눈이 덮여있는 머리
목소리, 그 신념
변함없는데 아우야
이제 헤어진다고 생각하니
저려오는 가슴
헤어지면서 잡는 손
또 언제 잡을까
가슴에 맺히는 눈물
천근같은 손

주 안에서
이승과 저승의 한계
벽을 무너뜨리신 예수
예수 안에서 형제
낙원에서 만나리

# 사막길

눈으로도 다 갈 수 없는 사막 길
끝없이 불어오는 모래 바람
물 한 모금도 마실 수 없는
삭막한
숨 막히는 절박함 속에
생존을 흥정하는 시간들…
오늘도 그 길을 걷고 있다

평생을, 계속되는
가고 가도 끝없는 길
하느님은
지금 어디에 계실까
사막의 모래 속에
모래가 되어 계실까
찾아도 뵐 수 없는
안타까운 시간들…

# 맷돌 돌리는 삼손

나실인 삼손
이스라엘 백성을 구하기 위해
부름 받아 나선 몸

하느님의 뜻을 저버리고
자신의 욕망에 살 때가 많았던
사자 시체를 가까이 하여
하느님의 말씀을 어기고
욕망의 포로가 되어
여러 여자를 편력한 삼손

들릴라를 만나고
들릴라의 요염한 꼬임과
블레셋의 미인계에 빠져
나실인의 본분을 잃은 삼손

하느님이 주신 힘을 잃었고
신비의 힘인 머리가 깎이고
두 눈을 뽑힌 체
어두운 지하 감옥에서

맷돌을 돌리며 탄식하는
삼손의 처절한 몸부림

하느님이 함께 하시지 않는
나실인 삼손
아무런 힘도
아무런 영향력도 나타낼 수 없고
다만 사람들의 조롱을 받는
암담한 현실 속의 삼손

절망 속에서 그래도
희망을 버리지 않고
지난 세월을 되돌아보며
눈물로 하느님께 회개하고
한 번 더 기회를 간구하는
삼손의 신앙

맷돌을 돌리며
시간의 무정 속에서도
결코 우리를 버리지 않는다는

하느님을 향한 삼손의 절규와 희망
묵묵히
우리의 절규를
오늘도 듣고 계시는 하느님

## 부활

삶을 봅니다
삶 속에 죽음을 봅니다

죽음을 봅니다
죽음 속에 삶을 봅니다

삶을 봅니다
내세는 현세에 도사려
내세를 만들고
죽고 사는 현실에 있습니다

매일 살고 죽는
반복은 하나입니다
죽음을 극복하는 길은
죽음 속에 도사린 삶을
노래하는 것입니다

죽음을 봅니다
삶을 봅니다

죽어도 산다는
예수의 말이
부활로 승화됩니다

# 십자화十字花

회색이 좋은 것은
내 육신이
한줌의 재로 남기 때문이네
죽음도 삶도 포괄하고 있는 색
회색 옷을 입으면 나는 어느덧
모든 욕망과 욕정에서 벗어나
영원에 귀속 되네
욕구와 먼 영원의 색
나는 회색으로 핀
내세의 꽃
종횡의 십자화로 피네
있고 없음의 꽃으로 피네

# 마굿간에 달린 등불
## —누가복음 2장의 명상

어두운 밤
인적이 끊어진 마굿간
오순도순 말소리 들리고
아기의 쌕쌕거리는 숨소리
방안에 가득한데
저 멀리 희미한
불빛 사이로 다가오고 있는 박사들
그림자로 다가오고
마굿간에 밝힌
조그마한 등불
세계를 밝히고 있네

# 부활

오랜 각고 끝에 부활한 예수
자유를 얻은 기쁨에 흘리는 눈물
소리 없이 기쁨과 환희로 뜨겁게 다가오네
예수
지워지지 않는 상흔傷痕 속에
다시 올 내일을 문신하고 있네

# 베드로

어부였던 베드로
예수 따라 인부가 되고
주는 그리스도시요
살아계신 하느님의 아들이라
담대히 고백하던 베드로

사랑하는 스승 예수가
로마 관헌에게 잡혀간 후
목숨을 건 각오로
가야바의 집에 숨어들었던 베드로

칼을 든 군인들의 위협도 아닌
한갓 하녀의 말에 비참하게도
사랑하는 스승을 모른다고, 모른다고
세 번이나 부인한
처절한 내면을
드러내면서 허물어진 베드로

예수와 눈을 마주치는 순간 스승이
한 말을 생각하고 쓰러져 통곡하며

철저하게 무너져 내린 베드로의 자아
자신의 폐허 앞에서 슬피 운 베드로

깊은 자괴감의 늪에서 허우적 되며
내가 네가 되는
생의 전환을 체험한 베드로

내가 나를 사랑하느냐?
세 번이나 반복하여 물으시는 예수 앞에
당황하고, 당황하며
억울함과 자괴감을 호소하는 베드로

종당에는 거꾸로 십자가에 매달려
예수 사랑과 세상 사랑이
하나인 것을 보여준 베드로

# 내 속에 있었으나

당신은
내 속에 있었으나
나는 밖에 있었습니다
그러므로
나는 당신을
만날 수 없었고
당신 또한
나를 만날 수 없었습니다

당신과 내가 만날 수 있는 길은
당신과 나라는 생각에서 벗어나
당신도 나도 없는 있음(Being)
그 자체로 남는 일입니다

비로소
요한복음의 말씀처럼
너는 나 속에
나는 너 속에 있게 되고
너와 나는 하나가 되는 것입니다
나는 내 속에 있었으나

당신은 나의 밖에 있는 일은 없을 것입니다

진정한 자아실현은
당신이 행하신 일을
나도 하는 것이며
그때
천국은 실현되는 것입니다

당신은 내 속에 있었으나
나는 당신의 밖에 있은 죄를 용서해 주소서

# 기도

기도하고 있다
끝없이 기도하고 있다
하고 또 해도
끝닿는 데 없다 막연하게
공중에 뜬 구름 잡듯이
보이지도 잡히지도 않는
기도를 하고 있다

기도의 참된 의미는 무엇일까
보이지도 잡히지도 않는
막연함 속에
하나씩 만들어가는 성취점일까
찬 것이 도리어 빈 것 같이
불확실성이 확실성인지

기도하고 있다
닿지 않음으로 닿는
기도를 하고 있다

# 기도하는 손

두 손
두 손 사이
희망의 해

두 손에는
무성한 나무
풍성한 과일

하느님 안
구함이
이룸으로
만족함을 얻는다

기도하는 손
현재와 미래
동시에 존재하고
하느님의 크신 뜻이
활짝 열리는 손

# 제 4 부

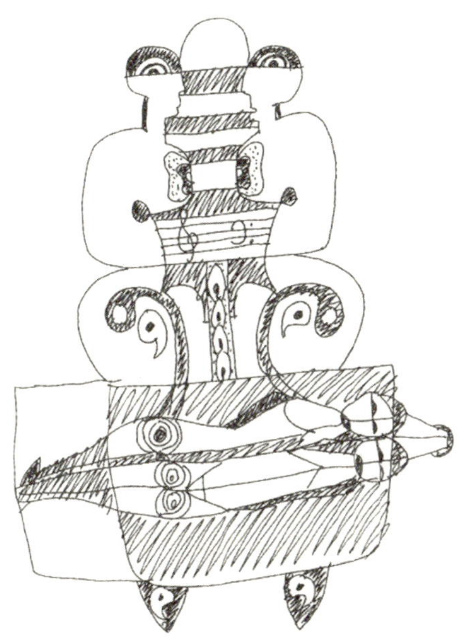

# 맥脈

차가운 돌 하나
공중에 떠올라도
보는 사람 없네

쌓이고 쌓인
한의 맥脈을 무엇으로 푸나
오늘도 그대는
올 봄을 위해 낙엽을 태우는가

# 정죄

나는 정죄하고 있다
입을 정죄하고
만남을 정죄하고
상황 해석의 오류를
정죄하고 있다

쌓지 못하는 덕담의 세계
분열되는 인간관계의 벽
분산된 자아
걷잡을 수 없는
과거 속에 도사린
사건과 사건들
쌓이고 쌓여
피해의식이 응어리 되고
아무리 좋은 약을 먹고,
책을 먹고
치유하려 해도 주저 앉지 않고
치유되지 않는
불치병으로 살아 있네

68년 긴 세월의 흔적
완전하지 못한 나를 만들고
도리어 가면을 쓴 아우성인가

나는 정죄하고 있다
융합될 수 없는 분열적인 나
이제 치유해 보리라
야훼께서 나를 무엇이라 하실지
귀 기울이며…

# 고요함

고요함 속의 고요함
고요함일까

말 없음이 말 없음인가
유한한 것이 언어인 것을…
소리 없는 응집된 소리가
소리인가 삶인가
언제나 물음표로 남아 있는
현실 밖의 현실
고요함 속의 고요함이
생존의 본래 모습인가
말없이 진정 말 있음인가
저 하늘의 태양 밝기만 하니
어찌, 저 달이 빛을 발 하리까!

## 넘어서서

삶을 넘어서
죽음을 넘어서
영원을 넘어서
내가 도달할 곳은 어딜까
무심히 굴러가는 낙엽에게
그 의미를 묻고 있다
끝나지 않는 물음 언제일까

삶을 넘어서서
죽음을 넘어서서
영원을 넘어서서

# 감

가고, 가고, 가고 있다
가도 가도 끝닿는데 없는 감
오늘도 가고 있다

언제 닿을지
알 수 없는 종점
안개 같은 내일
가고, 가고 있다

# 기다림

기다림 속에
오실 님은 안 오시고
먼 산 철쭉꽃만 만발하네

길가는 나그네여
정녕 님은 언제 오시나요

# 시간

시간은 쉴 새 없이 흘러가고 있다

잡아도 잡히지 않고

놓아도 놓여 지지 않는

한정된 공간에서

시간은 시간으로 남아 있다

# 춤

어제를 위해 오늘 춤추고 있다
오늘을 위해 어제 춤추었다
내일을 위해 오늘 춤추고 있다
춤인 생존生存
현세와 내세 그리고 과거세까지
포괄包括한,
보려 해도 전혀 보이지 않고,
들으려 애써도 들리지 않지마는
그러나 써도 써도 다 함이 없는
담담하고 박박한 존재의 본질

오늘도 삼세三世를 밟고
영원한 현재에서 춤추고 있다
끝없이 끝없이 춤추고 있다

# 미래

오지 않는 것을 기다림이
인간의 미래인가
기다리고 기다려도
오지 않는 미래

미래는 기다리는 사람들의
가슴 속에 파랗게
파랗게 핀 꽃인가

오늘도 미래를 기다리며
미래 속에 사는 무수한 사람들

# 그 틀

삶도, 죽음도
한 순간에 있네
순간에 도사린
천국과 지옥
아직 아무도 그 틀을
깨지 못하네

가는 것은 가는데
오는 것은 또한 오네
오고 감의 반복된 양상
영원을 가고 영원을 오네
어찌 한 치의 밖을 알리오
아! 꿈같은 세월 흘러갔으니

# 아는가

빛난 별이 깔고 있는
짙은 어두움을 아는가
어둠의 정도가 밝은 별을
가늠하고 있는 것을 아는가
어두움과 밝음
어두울수록 밝고 밝을수록
어두운 공동체의 의미를 아는가
어두움이 없는 곳에 밝음이 없고
악이 없는 곳에 선도
존재하지 않는 것을 아는가
너 없는 곳에 나도 없으며
내가 없는 곳에 네가 없다는 것을 아는가
세상 모든 것이 하나에서 나와서
결국 하나로 돌아가는 것은 진리의 본체
그대!
두개의 개념은 한 물체의 양면인 것을 아는가

# 희망

굳은 땅
풀 한 포기 없는
삭막한 땅에
희망을 심은 사람들

기다리려 목이 타도
그래도 기다려야 하는
아픔의 세월
누가 올 세월에
낚시 바늘을 던졌는가

잡히지 않아도
앉아 있어야 할 세월
약속을 믿고 가능을 형성하는
희망을 심고 기다리는 사람들…

# 만행萬行

토하고 있다
벌써,
몇 년째 토하고 있다
생존의 오십 여년
쌓이고 쌓인 온갖 삶의 찌꺼기
정화를 통한 승화를 꿈꾸며
한 단계 한 단계의 변화를 위해
토하며 비우고 있다

말의 오염 속
도사린 언어의 유희
무화無化하고 있다
점점 걷히는 먹구름
육신은 점점 쇠퇴하나
본체는 투명해지고
우주와 합일되는
영원한 본체
토하며 비우고 있다
벌써,
몇 년째 비우고 있다

# 황금률

바람에 스쳐 온 세월
지울 수 없는 적막함 속에
함초롬하다

무엇인가 남기려하나
주제 없는 목적 속에
허송한 세월의 잔해殘骸
무심한 하늘

누구에겐들 가늠의 정석定石이 없으랴
돌올突兀해 있는 세월의 바람
누구도 지울 수 없는 황금률黃金律

# 가고 옴 · 1

가고 옴은
시간의 반복
영원한 회귀回歸

오고 감은
감 일 때 오고
옴 일 때 가는
영원한 진행

너와 나로
하나의 끝없이 타는 불꽃

## 가고 옴 · 2

왔다가 가는구나
갔다가 오는구나

가고 옴의 경지가
그리운가보다

11월 몇 날 안 남아도
가고 옴이라…

# 불안 · 1

아무데도 의지할 데
없다면서 의지하고 있다

모든 것이 끝났다 하면서
새로운 시작을 꿈꾸고 있다

항상 도사리고 있는
상황에 대한 의식
끝없이 불안하면서
막상 잡히지 않는 불안

의지할 때 없는,
의지할 곳은 어딜까
내일, 내일에 페이지를
만들고 있다

내일은 오늘의 확실성 속에
모든 것을 갖추었는데
왜! 마음을 평정하지 못할까
불안, 잡을 수 없는 불안을

화두로 삼고 오늘을 열고 있다
굳게 굳게
잠긴 자물쇠를 지우고 있다

## 불안 · 2

불안한 마음
아무리 잡으려 해도
잡히지 않네
마음의 정체 무엇일까
원죄일까, 자범죄일까
상황에 따른 적응일까
천과 지가 뒤집힌 것일까
존재 자체가 원래 불안일까
묻는 속에 세월은 가고

# 불안 · 3

불안하다 불안하다
끝없이 말을 해도 불안하고
말을 안 해도 불안하다

만져도 실체가 없는
보아도 보이지 않는
불안, 어디에 있을까

불안하다
불안하고 불안하다
그 축軸은 어디에 있는가

내 심층 깊은 곳에 머문
목을 길게 빼고 때를 기다리는 죄성 때문일까
죽음에 대한 불확실성에서
오는 끝없는 공포 때문일까

불안하다 불안해
한 세상 정착 못하는 연속된 실체

# 만가

절망의 덫은
점점 가까이 온다
이럴 수도
저럴 수도 없는
생존의 현장
누구와도 차단된
현실의 만가輓歌

# 세월의 바퀴

세월은 바퀴
돌고 도네

세월은 에너지
내일을 열심히 나르네

끝없이 전개되는
삶의 불안과 전율스러움
어느 누구도 노래할 수 없는
슬프고 슬픈 현실
만가輓歌

바퀴는 계속하여
돌고 돌며
영원을 나르네

발문

# 시간과 공간의 접점에서 찾는 구원의 방식

■ 발문

# 시간과 공간의 접점에서 찾는 구원의 방식

강 영 환 (시인)

영설 서상환 형은 화가다. 특히 성서를 소재로 하여 유화나 판화로 이미지를 표출해 낸다. 몇 년 전 전시회에서 우연히 인사말을 할 기회가 있었는데 그때 나는 그의 그림을 아이가 그린 그림처럼 욕심이 없다는 말과 함께 시를 많이 닮았다고 했다. 그 전 『영설과 촛불』이라는 시판화집을 상재하여 호평을 받은 적이 있다. 그림과 판화가 절묘하게 어우러져 예술의 상호 보완적인 역할을 충실하게 했던 것이다. 형은 그림으로 다 말할 수 없는 것을 시로 이미지화 했고 시로 다 말할 수 없는 이미지를 형상화 했다. 금언과 같이 조직되지 않은 짧은 언어들이 섬뜩한 칼날 같은 에스프리를 품고 있어 그림과는 또 다른 맛을 주었다.

영설 형과의 교우는 1983년으로 거슬러 올라간다. 내가 첫시집을 상재하기 위해 표지화를 물색하던 중 나와 함께 같은 열린시 동인이었던 화가

강선학(필명 강유정)의 소개로 수정동에 있는 화실을 방문했던 것이다. 내 첫시집 『칼잠』의 표지를 그린 형과는 그때부터 교우가 이뤄져 지금까지 이어져 오고 있다.

형의 그림 중에서 만다라 시리즈가 있다. 나무판 위에 간결한 형상으로 이미지들이 나열되어 있고 그 그림들은 상상력의 즐거움과 함께 편안한 만족감을 가져다준다.

만다라는 '본질(manda)을 소유(la)한다'는 뜻이었으나 밀교에서는 깨달음의 경지를 도형화圖形化한 것을 일컬었다. 그래서 만다라는 그림을 의미하기도 한다. 형은 만다라를 기독교 교리에 접목시켜 새로운 영역의 성서화를 개척해 나가고 있다.

예술은 상상력으로 사람과 사람을 연결해 준다. 작가와 독자 또는 독자와 독자, 작가와 작가를 연결하는 통로가 상상력이다. 형의 시는 언어로 그린 만다라라고 생각된다. 그러기에 시를 이야기하기 위해서는 형 그림에 주목해야 할 것이지만 그림에 문외한인 나로써는 언어로 쓰여진 시를 통해서만 형의 만다라를 말하지 않을 수 없다.

찻종에 담긴 달
둥근 원이 아니다

만다라
이룸의 경지

너도 마시고
나도 마신 후

가슴 가득한
둥근 깨달음의 달

달을 담은 찻종
이룬 경지

너와 나를 넘어선
만다라의 세계

「찻종에 달」 전문

형이 만다라를 주로 그리는 것은 무엇을 추구하는 가에 대한 단초를 제공해 준다. 그것은 언어세계가 추구하는 것과 다를 것이 없기 때문이다. 형의 정신세계는 시간과 공간이라는 두 가지 측면으로 이해될 수 있다. 그림이 공간적 측면이라면 언어는 시간적 측면을 담는다. 두 갈래 정신활동을 통해 추구하는 것은 '비움'에 도달하는 각자覺者에 있다고 보여진다. '텅 빈 충만'과 같은 관념의 유희가 실제적으로 완성된 모습을 보여주는 것이 그의 만다라 그림이며 시간을 뛰어넘고자 하는 행위가 도달하고자 하는 세계는 바로 '텅 빈 찻종'에 채워진 언어들이다. 그는 채우기 위해 그림을 그리고 시를 쓰는 것이 아니라 비움으로써 세상을 평화롭게 응시하기 위해서다. 그렇게 보면 편안해 진다.

토하고 있다
벌써,
몇 년째 토하고 있다
생존의 오십 여년
쌓이고 쌓인 온갖 삶의 찌꺼기
정화를 통한 승화를 꿈꾸며
한 단계 한 단계의 변화를 위해
토하며 비우고 있다

「만행」-1연

형이 토하는 언어들이 비움을 통해서 얻는 것은 변화다. 변화는 마음의 정화와 승화인 동시에 평화다. 비움의 과정에서 가장 힘들게 만나는 것은 시간이라는 관념이자 실제다. 만다라 그림도 정지해 있는 것이 아니라 변화를 내장하고 있다. 원을 이룸은 시작과 끝이 없는 순환 구조이며 중심에서 외곽으로, 밖에서 내부로, 내부에서 밖으로의 시점 변화를 끝없이 요구한다. 3계를 함축하고 있는 만다라는 미래, 현재, 과거가 연결된 순환구조를 가지고 있다는 걸 인식하고 겉으로는 변하고 있지만 실상은 동일성이다. 그러기에 형의 내부에서는 3계가 늘 함께 존재하고 있기에 다른 공간이 있을 수 없고 다른 시간이 있을 수 없다는 인식에 도달해 있다.

시간은 쉴 새 없이 흘러가고 있다
잡아도 잡히지 않고
놓아도 놓여 지지 않는
한정된 공간에서
시간은 시간으로 남아 있다

「시간」 전문

가는 시간과 오는 시간의 접점에 서 있는 시적 화자는 시간의 실체를 깨닫는다. '간다'는 의미와 동일어로 이야기되는 '온다'의 의미에서 무한한 반복이 이뤄지는 우주의 영속성을 통해 우리의 존재를 인식한다. 쉴 새 없이 흘러가는 세월 뒤에 남는 것은 무화無化된 공간이며 그 위에서 시간은 초월된 시간으로 밖에 남아 있지 않다. 시적 화자는 결국 시간을 초월하고자하는 의지를 드러낸 것이다. 그런 모습은 형의 시에서 숱하게 반복된다. 어쩌면 철학적 사색을 뛰어넘는 종교적 사색에 머무른다. 그것은 논리가 아니라 돈오돈수로 확 깨달아야 하는 화두와 같은 것들이다.

가고 옴은
시간의 반복
영원한 회귀回歸

오고 감은
감 일 때 오고
옴 일 때 가는
영원한 진행

너와 나로
하나의 끝없이 타는 불꽃

「가고 옴·1」 전문

만다라는 기본적으로 우주를 상징한다. 즉 신들이 거주할 수 있는 신성한 장소이며, 우주의 힘이 응집되는 장소이다. 인간(소우주)은 정신적으로 만다라에 '들어가' 그 중심을 향하여 '전진'하며 유추에 의해 흩어지고 다시 결합하는 우주 과정으로 인도된다. 형의 시에서 우주 공간이 자주 나타나고 있는 것도 그런 것이 아닐까. 앞에서 말했듯이 공간과 시간 이미지가 주조를 이룬 것도 만다라가 내포하고 있는 의미에 도달하기 위한 철저한 자기 수행의 한 과정일 것이라 추측해 본다.

밝은 달
누구의 가슴에 안길까
달그림자도

시간 빨리도 지나
중추의 열기 가득한데
구름에 가린 달은 보이지 않네

아! 문득 떠오르는
달 꽃 한 송이
영원에 피네

「중추」 전문

중추에 떠오른 달은 둥글다. '달꽃 한 송이/영원에 피네'는 만다라의 다른 이름을 보여준 것이다. 티베트의 '탕카'(천으로 된 두루마리 그림)에 나타난 만다라는 1개 혹은 여러 개의 동심원을 둘러싸고 있는 바깥원이 있으며, 안쪽의 원들은 중앙에서 네 귀퉁이까지 선들이 교차해 있는 4각형을 둘러싸고 있다. 중심과 각 3각형의 가운데에는 5개의 원이 있는데 이 원에는 신의 상징이나 형상이 새겨져 있다. 만다라를 둘러싸고 있는 주위의 원 중 첫번째는 불의 고리이다. 이것은 입문하지 않는 자가 들어오는 것을 막고 무지를 불태운다. 2번째 원은 다이아몬드 띠로 밝게 비춘다는 의미이다. 그다음 8개의 묘지로 이루어진 원은 인식을 개체화하는 8가지 양상을 상징한 것이고, 연잎사귀로 된 띠는 영적인 재생을 의미한다. 마지막으로 중심에 있는 만다라에는 신의 상들이 놓여 있다.

형의 시가 추구하는 시간과 공간의 교차점에 만다라가 있다. 그 만다라를 따라 안으로 들어가면 궁극에 이르러 예수 그리스도가 있다. 형은 철저한 자기 믿음의 원리를 만들어내었고 그 형식을 그림에서 이제는 언어로 확장하고자 한다. 욕심 많은 산보자가 아닐 수 없다.

비로소
요한복음의 말씀처럼
너는 나 속에
나는 너 속에 있게 되고
너와 나는 하나가 되는 것입니다
나는 내 속에 있었으나

당신은 나의 밖에 있는 일은 없을 것입니다

진정한 자아실현은
당신이 행하신 일을
나도 하는 것이며
그때
천국은 실현되는 것입니다

「내 속에 있었으나」 부분

형이 종교적 믿음의 형식으로 차용한 것이 만다라가 내포한 영원 회귀의 방식이다. 만다라 형식을 빌어 그리스도의 무한한 영역 속에 자신을 몰입시키고자하는 지극한 믿음의 경지를 드러낸다. 그리스도의 자아실현처럼 시적화자도 자아실현을 이루겠다는 것은 천국을 내 안에서 이루겠다는 시인의 신념과 다를 바 없다.

시는 관념이나 믿음을 드러내어도 누가 지적할 수는 없다. 시는 정서에 호소해야하는 예술의 한 영역이다. 그림과는 달리 언어로 형상화시키기에 작품이 안고 있는 의미가 낱낱이 드러날 수밖에 없고 독자들이 편안하게 접근할 수 있는 문을 열어야 한다. 그 문이 서정성이라는 것이다.

세월 속에서 여문

대나무 같이
한 마디 한 마디
굳어가는
푸른 얼굴

「텅 빈 얼굴」 전문

세월에 의해 대나무 같이 여물어 가는 얼굴이 텅 비어 있다고 역설하는 위 시는 짧은 시지만 뛰어난 서정과 선명한 이미지를 지니고 있는 절창이다. 영국의 이미지스트 시인들을 생각나게 하는 작품이다. 스위스의 심리학자 칼 융(C. G. Jung)은 그의 환자들이 그린 만다라와 비슷한 그림을 연구하여 발표했다. 융은 만다라를 자발적으로 만드는 것은 개체화 과정의 한 단계라고 했다. 이것이 융의 심리학 이론에서 중심적인 개념의 하나로 취해졌는데 이 단계는 의식적인 자아가 지금까지의 무의식적인 요소들을 결합하려는 노력을 의미한다고 한다. 눈  앞에 서 있는 보이는 얼굴은 굳어가는 것이지만 의식 속에서 굳어가는 얼굴은 모든 것을 뛰어넘은 비어있는 얼굴이다. 그것은 벗어남이며, 깨달음이며, 추구하고자하는 궁극의 경지다. 형의 만다라 그림은 무의식의 요소이며 시는 의식의 표현이다. 의식과 무의식의 결합이 이뤄지는 〈텅 빈 얼굴〉이 바로 융의 결합을 극명하게 보여 준 예가 아닐까.

형의 다섯 번째 시집 상재를 축하드리며 질투심을 함께 느낀다.